PO
Aquellos poemas q

POESÍA EN LA MEMORIA
Aquellos poemas que aprendimos en E.G.B.

Primera edición: junio de 2021

ISBN: 9798516574078

«La memoria es el único paraíso
del que no podemos ser expulsados».

Jean Paul

Prólogo

Mi generación ha usado la memoria menos que nuestros padres y abuelos, pero más que las hornadas posteriores. La consigna actual es basarlo todo en entender y razonar, y usar la tecnología para evitar memorizar. Sin embargo, en algunos casos hay que hacerlo. Coincido en que es necesario razonar que cuatro por ocho es lo mismo que sumar cuatro veces ocho, y es verdad que las calculadoras nos resuelven ese problema perfectamente, pero también es cierto que saberlo sin necesidad de pararnos a pensar nos permite ser más eficientes en nuestras vidas. Si bien en las matemáticas puedo argumentar una defensa más o menos sólida y lógica, con la poesía resulta mucho más complicado. Grabarlas en nuestra mente no tiene una utilidad práctica, y en eso radica precisamente su belleza.

Antes de los libros, era la memoria la que mantenía las historias a salvo de la muerte y el olvido. Luego fue apareciendo la escritura, pero, como dice Irene Vallejo en *El infinito en un junco*, al principio los sistemas para conservarla no eran buenos, y la humedad, el fuego o la destrucción hicieron que la mayoría de las obras antiguas se perdieran para siempre. Hoy en día el riesgo es otro: las obras se diluyen en el maremagno de la información en línea y quedan sepultadas bajo la inmensidad de datos disponibles. Antes guardábamos las fotos en un álbum que podía perderse o quemarse, ahora tenemos treinta mil fotos digitales desperdigadas y se da la paradoja de que puedo imprimir tantas que al final no imprimo ninguna. Las tengo, pero no las veo.

Los que estudiamos la E.G.B. vivimos esa infancia que cada uno considera absolutamente única e irrepetible, pero que luego hemos descubierto que compartía numerosos rasgos con personas de edades similares. La poesía de aquel sistema educativo no es una excepción y muchos de los poemas que aprendimos son también recuerdos compartidos. El objetivo de este libro es transmitir a las generaciones venideras una antología de los versos que memorizamos, y que muchos conservamos todavía grabados a fuego en nuestros cerebros.

El criterio a la hora de elegir los poemas ha sido tan riguroso como injusto. Incluye exclusivamente aquellos que me sé de memoria. Habrá obras maestras que no aparezcan en este libro y asumo que cometo una herejía al dejar fuera a ciertos autores, pero he intentado ser absolutamente sincero y consecuente con mis neuronas. En todo caso, no es una lista cerrada. Al hablar de ello con los lectores, seguro que termino rescatando algunos versos más de mi cerebro.

En cuanto al orden, aparecen de forma cronológica según la fecha de nacimiento de los distintos autores. No aspiro a elaborar un estudio de cada verso y de cada poeta, solo deseo compartir el encanto que estos poemas tienen para mí.

Siendo totalmente sincero, he de admitir que no soy capaz de recitar todas las estrofas de este libro, pero en todos los casos puedo recordar fragmentos más o menos largos. Si bien en algunas ocasiones los he recortado para centrarme en lo que recuerdo, en otras no he querido aislarlos del conjunto.

Esta poesía suele aflorar en mi vida cotidiana. Si escucho la palabra *olmo*, pienso en Machado; si alguien habla de lo que es la poesía, recuerdo a Bécquer; cuando abandono Galicia, pienso en Rosalía de Castro... Aunque también hay ocasiones en las que ciertas rimas acuden a mí sin una causa real que lo justifique, y siempre me sacan una sonrisa.

Dedico este libro a mis hijos. A base de oírmelos, ya se han aprendido algunos de los poemas que contiene, pero aquí están todos juntos. Ojalá los disfruten con el mismo cariño con el que yo los recuerdo.

Antonio Flórez Lage

ÍNDICE

Vaquera de la Finojosa

Marqués de Santillana
Íñigo López de Mendoza y de la Vega
(Carrión de los Condes, 1398 — Guadalajara, 1458)

Moça tan fermosa
non vi en la frontera,
como una vaquera
de la Finojosa.

Façiendo la vía
del Calatraveño
a Santa María,
vençido del sueño,
por tierra fragosa
perdí la carrera
do vi la vaquera
de la Finojosa.

En un verde prado
de rosas e flores,
guardando ganado
con otros pastores,
la vi tan graçiosa
que apenas creyera
que fuese vaquera
de la Finojosa.

Non creo las rosas
de la primavera

sean tan fermosas
nin de tal manera,
fablando sin glosa,
si antes supiera
de aquella vaquera
de la Finojosa.

Non tanto mirara
su mucha beldad,
porque me dexara
en mi libertad.
Mas dixe: «Donosa
(por saber quién era),
¿dónde es la vaquera
de la Finojosa?».

Bien como riendo,
dixo: «Bien vengades;
que ya bien entiendo
lo que demandades:
non es deseosa
de amar, nin lo espera,
aquesa vaquera
de la Finojosa».

Romance de Abenámar

Anónimo
(Hacia el siglo XV)

—¡Abenámar, Abenámar,
moro de la morería,
el día que tú naciste
grandes señales había!
Estaba la mar en calma,
la luna estaba crecida;
moro que en tal signo nace,
no debe decir mentira.

Allí respondiera el moro,
bien oiréis lo que decía:
—Yo te la diré, señor,
aunque me cueste la vida,
porque soy hijo de un moro
y una cristiana cautiva;
siendo yo niño y muchacho,
mi madre me lo decía:
que mentira no dijese,
que era grande villanía:
por tanto pregunta, rey,
que la verdad te diría.

—Yo te agradezco, Abenámar,
aquesta tu cortesía.
¿Qué castillos son aquéllos?
¡Altos son y relucían!

—El Alhambra era, señor,
y la otra la mezquita;
los otros los Alixares,
labrados a maravilla.
El moro que los labraba
cien doblas ganaba al día
y el día que no los labra
otras tantas se perdía.
El otro es Generalife,
huerta que par no tenía;
el otro Torres Bermejas,
castillo de gran valía.

Allí habló el rey don Juan,
bien oiréis lo que decía:
—Si tú quisieras, Granada,
contigo me casaría;
darete en arras y dote
a Córdoba y a Sevilla.

—Casada soy, rey don Juan,
casada soy, que no viuda;
el moro que a mí me tiene
muy grande bien me quería.

Romance del Prisionero

Anónimo
(Hacia el siglo XVI)

Que por mayo era, por mayo,
cuando hace la calor,
cuando los trigos encañan
y están los campos en flor,
cuando canta la calandria
y responde el ruiseñor,
cuando los enamorados
van a servir al amor;
sino yo, triste, cuitado,
que vivo en esta prisión;
que ni sé cuándo es de día
ni cuándo las noches son,
sino por una avecilla
que me cantaba al albor.
Matómela un ballestero:
¡dele Dios mal galardón!

Vivo sin vivir en mí

Santa Teresa de Jesús
Teresa Sánchez de Cepeda Dávila y Ahumada
(Ávila, 1520 — Alba de Tormes, 1582)

Vivo sin vivir en mí,
y tan alta vida espero,
que muero porque no muero.

Aquesta divina unión,
del amor con que yo vivo,
hace a Dios ser mi cautivo,
y libre mi corazón;
mas causa en mí tal pasión
ver a Dios mi prisionero,
que muero porque no muero.

¡Ay! ¡Qué larga es esta vida,
qué duros estos destierros,
esta cárcel y estos hierros,
en que el alma está metida!
Solo esperar la salida
me causa un dolor tan fiero,
que muero porque no muero.

¡Ay! ¡Qué vida tan amarga
do no se goza el Señor!
Y sí es dulce el amor,
no lo es la esperanza larga;
quíteme Dios esta carga,

más pesada que de acero,
que muero porque no muero.

Solo con la confianza
vivo de que he de morir;
porque muriendo el vivir
me asegura mi esperanza;
muerte do el vivir se alcanza,
no te tardes, que te espero,
que muero porque no muero.

Mira que el amor es fuerte;
vida no seas molesta,
mira que solo te resta,
para ganarte, perderte;
venga ya la dulce muerte,
venga el morir muy ligero,
que muero porque no muero.

Aquella vida de arriba
es la vida verdadera:
hasta que esta vida muera,
no se goza estando viva;
muerte no seas esquiva;
vivo muriendo primero,
que muero porque no muero.

Vida, ¿qué puedo yo darle
a mi Dios, que vive en mí,
si no es perderte a ti,
para mejor a Él gozarle?
Quiero muriendo alcanzarle,
pues a Él solo es el que quiero,

que muero porque no muero.

Estando ausente de ti,
¿qué vida puedo tener,
sino muerte padecer
la mayor que nunca vi?
Lástima tengo de mí,
por ser mi mal tan entero,
que muero porque no muero.

Coplas por la muerte de su padre

Jorge Manrique
(Paredes de Nava, 1440 — Sta. M.ª del Campo Rus, 1479)

I

Recuerde el alma dormida,
avive el seso y despierte
contemplando
cómo se pasa la vida,
cómo se viene la muerte
tan callando;
cuán presto se va el placer,
cómo, después de acordado,
da dolor;
cómo a nuestro parecer
cualquiera tiempo pasado
fue mejor.

II

Pues si vemos lo presente
cómo en un punto se es ido
y acabado,
si juzgamos sabiamente,
daremos lo no venido
por pasado.
No se engañe nadie, no,
pensando que ha de durar
lo que espera
más que duró lo que vio,
pues que todo ha de pasar
por tal manera.

III

Nuestras vidas son los ríos
que van a dar en la mar,
que es el morir:
allí van los señoríos
derechos a se acabar
y consumir;
allí, los ríos caudales,
allí, los otros, medianos,
y más chicos;
allegados, son iguales,
los que viven por sus manos
y los ricos.

Ojos claros, serenos

Gutierre de Cetina
(Sevilla, 1520 — Puebla de los Ángeles, México, 1554)

Ojos claros, serenos,
si de un dulce mirar sois alabados,
¿por qué, si me miráis, miráis airados?
Si cuanto más piadosos,
más bellos parecéis a aquel que os mira,
no me miréis con ira,
porque no parezcáis menos hermosos.
¡Ay, tormentos rabiosos!
Ojos claros, serenos,
ya que así me miráis, miradme al menos.

Vida retirada

Fray Luis de León
(Belmonte, 1527/28 — Madrigal de las Altas Torres, 1591)

¡Qué descansada vida
la del que huye del mundanal rüido,
y sigue la escondida
senda, por donde han ido
los pocos sabios que en el mundo han sido!

Que no le enturbia el pecho
de los soberbios grandes el estado,
ni del dorado techo
se admira, fabricado
del sabio Moro, en jaspe sustentado.

No cura si la fama
canta con voz su nombre pregonera,
ni cura si encarama
la lengua lisonjera
lo que condena la verdad sincera.

¿Qué presta a mi contento,
si soy del vano dedo señalado;
si en busca deste viento
ando desalentado
con ansias vivas, con mortal cuidado?

¡Oh monte, oh fuente, oh río!
¡Oh secreto seguro, deleitoso!

Roto casi el navío,
a vuestro almo reposo
huyo de aqueste mar tempestuoso.

Un no rompido sueño,
un día puro, alegre, libre quiero;
no quiero ver el ceño
vanamente severo
de a quien la sangre ensalza o el dinero.

Despiértenme las aves
con su cantar sabroso no aprendido;
no los cuidados graves
de que es siempre seguido
el que al ajeno arbitrio está atenido.

Vivir quiero conmigo,
gozar quiero del bien que debo al cielo,
a solas, sin testigo,
libre de amor, de celo,
de odio, de esperanzas, de recelo.

Del monte en la ladera,
por mi mano plantado tengo un huerto,
que con la primavera
de bella flor cubierto
ya muestra en esperanza el fruto cierto.
[...]

Ande yo caliente

Luis de Góngora
(Córdoba, 1561 — Córdoba 1627)

Ándeme yo caliente
y ríase la gente.

Traten otros del gobierno
del mundo y sus monarquías,
mientras gobiernan mis días
mantequillas y pan tierno,
y las mañanas de invierno
naranjada y aguardiente,
y ríase la gente.

Coma en dorada vajilla
el príncipe mil cuidados
como píldoras dorados;
que yo en mi pobre mesilla
quiero más una morcilla
que en el asador reviente,
y ríase la gente.

Cuando cubra las montañas
de blanca nieve el enero
tenga yo lleno el brasero
de bellotas y castañas,
y quien las dulces patrañas
del rey que rabió me cuente,
y ríase la gente.

Busque muy en hora buena
el mercader nuevos soles;
yo, conchas y caracoles
entre la menuda arena,
escuchando a Filomena
sobre el chopo de la fuente,
y ríase la gente.

Pase a media noche el mar
y arda en amorosa llama
Leandro por ver su dama;
que yo más quiero pasar
de Yepes a Madrigar
la regalada corriente,
y ríase la gente.

Pues Amor es tan crüel,
que de Píramo y su amada
hace tálamo una espada,
do se junten ella y él,
sea mi Tisbe un pastel,
y la espada sea mi diente,
y ríase la gente.

Un soneto me manda hacer Violante

Lope de Vega
(Madrid, 1562 — Madrid 1635)

Un soneto me manda hacer Violante
que en mi vida me he visto en tal aprieto;
catorce versos dicen que es soneto;
burla burlando van los tres delante.

Yo pensé que no hallara consonante,
y estoy a la mitad de otro cuarteto;
mas si me veo en el primer terceto,
no hay cosa en los cuartetos que me espante.

Por el primer terceto voy entrando,
y parece que entré con pie derecho,
pues fin con este verso le voy dando.

Ya estoy en el segundo, y aun sospecho
que voy los trece versos acabando;
contad si son catorce, y está hecho.

¿Qué tengo yo, que mi amistad procuras?

Lope de Vega
(Madrid, 1562 — Madrid 1635)

¿Qué tengo yo, que mi amistad procuras?
¿Qué interés se te sigue, Jesús mío,
que a mi puerta cubierto de rocío
pasas las noches del invierno oscuras?

¡Oh, cuánto fueron mis entrañas duras,
pues no te abrí! ¡Qué extraño desvarío,
si de mi ingratitud el hielo frío
secó las llagas de tus plantas puras!

¡Cuántas veces el Ángel me decía:
«Alma, asómate agora a la ventana,
verás con cuánto amor llamar porfía»!

¡Y cuántas, hermosura soberana,
«Mañana le abriremos», respondía,
para lo mismo responder mañana!

A un hombre de gran nariz

Francisco de Quevedo
(Madrid, 1580 — Villanueva de los Infantes, 1645)

Érase un hombre a una nariz pegado,
érase una nariz superlativa,
érase una nariz sayón y escriba,
érase un pez espada muy barbado.

Era un reloj de sol mal encarado,
érase una alquitara pensativa,
érase un elefante boca arriba,
era Ovidio Nasón más narizado.

Érase el espolón de una galera,
érase una pirámide de Egipto,
las doce tribus de narices era.

Érase un naricísimo infinito,
muchísima nariz, nariz tan fiera
que en la cara de Anás fuera delito.

Poderoso caballero es don Dinero

Francisco de Quevedo
(Madrid, 1580 — Villanueva de los Infantes, 1645)

Madre, yo al oro me humillo;
él es mi amante y mi amado,
pues, de puro enamorado,
de contino anda amarillo;
que pues, doblón o sencillo,
hace todo cuanto quiero,

poderoso caballero
es don Dinero.

Nace en las Indias honrado,
donde el mundo le acompaña;
viene a morir en España,
y es en Génova enterrado.
Y pues quien le trae al lado
es hermoso, aunque sea fiero,

poderoso caballero
es don Dinero.

Es galán y es como un oro,
tiene quebrado el color,
persona de gran valor,
tan cristiano como moro.
Pues que da y quita el decoro

y quebranta cualquier fuero,

poderoso caballero
es don Dinero.

Son sus padres principales,
y es de nobles descendiente,
porque en las venas de Oriente
todas las sangres son reales;
y pues es quien hace iguales
al duque y al ganadero,

poderoso caballero
es don Dinero.

Mas ¿a quién no maravilla
ver en su gloria sin tasa
que es lo menos de su casa
doña Blanca de Castilla?
Pero, pues da al bajo silla
y al cobarde hace guerrero,

poderoso caballero
es don Dinero.

Sus escudos de armas nobles
son siempre tan principales,
que sin sus escudos reales
no hay escudos de armas dobles;
y pues a los mismos robles
da codicia su minero,

poderoso caballero

es don Dinero,

Por importar en los tratos
y dar tan buenos consejos,
en las casas de los viejos,
gatos le guardan de gatos.
Y pues él rompe recatos
y ablanda al juez más severo,

poderoso caballero
es don Dinero.

Y es tanta su majestad
(aunque son sus duelos hartos),
que con haberle hecho cuartos,
no pierde su autoridad;
pero, pues da calidad
al noble y al pordiosero,

poderoso caballero
es don Dinero.

Nunca vi damas ingratas
a su gusto y afición;
que a las caras de un doblón
hacen sus caras baratas;
y pues las hace bravatas
desde una bolsa de cuero,

poderoso caballero
es don Dinero.

Más valen en cualquier tierra

(¡mirad si es harto sagaz!)
sus escudos en la paz
que rodelas en la guerra.
Y pues al pobre le entierra
y hace proprio al forastero,

poderoso caballero
es don Dinero.

Miré los muros de la patria mía

Francisco de Quevedo
(Madrid, 1580 — Villanueva de los Infantes, 1645)

Miré los muros de la patria mía,
si un tiempo fuertes ya desmoronados
de la carrera de la edad cansados
por quien caduca ya su valentía.

Salime al campo: vi que el sol bebía
los arroyos del hielo desatados,
y del monte quejosos los ganados
que con sombras hurtó su luz al día.

Entré en mi casa: vi que amancillada
de anciana habitación era despojos,
mi báculo más corvo y menos fuerte.

Vencida de la edad sentí mi espada,
y no hallé cosa en que poner los ojos
que no fuese recuerdo de la muerte.

La vida es sueño

Pedro Calderón de la Barca
(Madrid, 1600 — Madrid, 1681)

SEGISMUNDO
¡Ay, mísero de mí! ¡Ay, infelice!
Apurar, cielos, pretendo,
ya que me tratáis así,
¿qué delito cometí
contra vosotros naciendo?
Aunque si nací, ya entiendo
qué delito he cometido.
Bastante causa ha tenido
vuestra justicia y rigor,
pues el delito mayor
del hombre es haber nacido.
[...]

ROSAURA
Cuentan de un sabio que un día
tan pobre y mísero estaba,
que solo se sustentaba
de unas hierbas que cogía.
¿Habrá otro, entre sí decía,
más pobre y triste que yo?;
y cuando el rostro volvió
halló la respuesta, viendo
que otro sabio iba cogiendo
las hierbas que él arrojó.

Quejoso de mi fortuna
yo en este mundo vivía,
y cuando entre mí decía:
¿habrá otra persona alguna
de suerte más importuna?
Piadoso me has respondido.
Pues, volviendo a mi sentido,
hallo que las penas mías,
para hacerlas tú alegrías,
las hubieras recogido.
[...]

SEGISMUNDO
Sueña el rico en su riqueza,
que más cuidados le ofrece;
sueña el pobre que padece
su miseria y su pobreza;
sueña el que a medrar empieza;
sueña el que afana y pretende;
sueña el que agravia y ofende;
y en el mundo, en conclusión,
todos sueñan lo que son,
aunque ninguno lo entiende.
Yo sueño que estoy aquí
destas prisiones cargado,
y soñé que en otro estado
más lisonjero me vi.
¿Qué es la vida?: un frenesí.
¿Qué es la vida?: una ilusión,
una sombra, una ficción;
y el mayor bien es pequeño,
que toda la vida es sueño,
y los sueños, sueños son.

La canción del pirata

José de Espronceda
(Almendralejo, 1808 — Madrid, 1842)

Con diez cañones por banda,
viento en popa a toda vela,
no corta el mar, sino vuela,
un velero bergantín:
bajel pirata que llaman
por su bravura el Temido,
en todo mar conocido
del uno al otro confín.

La luna en el mar rïela,
en la lona gime el viento,
y alza en blando movimiento
olas de plata y azul;
y ve el capitán pirata,
cantando alegre en la popa,
Asia a un lado, al otro Europa
y allá a su frente Estambul.

«Navega, velero mío,
sin temor,
que ni enemigo navío,
ni tormenta, ni bonanza,
tu rumbo a torcer alcanza,
ni a sujetar tu valor.

»Veinte presas
hemos hecho
a despecho
del inglés,
y han rendido
sus pendones
cien naciones
a mis pies.

»¿Qué es mi barco? Mi tesoro.
¿Qué es mi Dios? La libertad.
¿Mi ley? ¡La fuerza y el viento!
¿Mi única patria? ¡La mar!

»Allá muevan feroz guerra
ciegos reyes
por un palmo más de tierra:
que yo tengo aquí por mío
cuanto abarca el mar bravío,
a quien nadie impuso leyes.

»Y no hay playa
sea cual quiera,
ni bandera
de esplendor,
que no sienta
mi derecho
y dé pecho
a mi valor.

»¿Qué es mi barco? Mi tesoro.
¿Qué es mi Dios? La libertad.
¿Mi ley? ¡La fuerza y el viento!

¿Mi única patria? ¡La mar!

»A la voz de "¡barco viene!"
Es de ver
cómo vira y se previene
a todo trapo a escapar:
que yo soy el rey del mar,
y mi furia es de temer.

»En las presas
yo divido
lo cogido
por igual:
solo quiero
por riqueza
la belleza
sin rival.

»¿Qué es mi barco? Mi tesoro.
¿Qué es mi Dios? La libertad.
¿Mi ley? ¡La fuerza y el viento!
¿Mi única patria? ¡La mar!

»¡Sentenciado estoy a muerte!
Yo me río:
no me abandone la suerte,
y al mismo que me condena,
colgaré de alguna antena,
quizá en su propio navío.

»Y si caigo,
¿qué es la vida?
Por perdida

ya la di
cuando el yugo
del esclavo,
como un bravo,
sacudí.

»¿Qué es mi barco? Mi tesoro.
¿Qué es mi Dios? La libertad.
¿Mi ley? ¡La fuerza y el viento!
¿Mi única patria? ¡La mar!

»Son mi música mejor
aquilones;
el estrépito y temblor
de los cables sacudidos,
del negro mar los bramidos
y el rugir de mis cañones.

»Y del trueno
al son violento,
y del viento
al rebramar,
yo me duermo
sosegado.
Arrullado
por el mar.

»¿Qué es mi barco? Mi tesoro.
¿Qué es mi Dios? La libertad.
¿Mi ley? ¡La fuerza y el viento!
¿Mi única patria? ¡La mar!

Volverán las oscuras golondrinas

Gustavo Adolfo Bécquer
(Sevilla, 1836 — Madrid, 1870)

Volverán las oscuras golondrinas
en tu balcón sus nidos a colgar,
y otra vez con el ala a sus cristales
jugando llamarán.

Pero aquellas que el vuelo refrenaban
tu hermosura y mi dicha a contemplar,
aquellas que aprendieron nuestros nombres…
¡esas… no volverán!

Volverán las tupidas madreselvas
de tu jardín las tapias a escalar,
y otra vez a la tarde aún más hermosas
sus flores se abrirán.

Pero aquellas, cuajadas de rocío
cuyas gotas mirábamos temblar
y caer como lágrimas del día…
¡esas… no volverán!

Volverán del amor en tus oídos
las palabras ardientes a sonar,
tu corazón de su profundo sueño
tal vez despertará.

Pero mudo y absorto y de rodillas

como se adora a Dios ante su altar,
como yo te he querido…, desengáñate,
así… ¡no te querrán!

¿Qué es poesía?

Gustavo Adolfo Bécquer
(Sevilla, 1836 — Madrid, 1870)

¿Qué es poesía?, dices mientras clavas
en mi pupila tu pupila azul.
¿Qué es poesía? ¿Y tú me lo preguntas?
Poesía... eres tú.

Del salón en el ángulo oscuro

Gustavo Adolfo Bécquer
(Sevilla, 1836 — Madrid, 1870)

Del salón en el ángulo oscuro,
de su dueña tal vez olvidada,
silenciosa y cubierta de polvo,
veíase el arpa.

¡Cuánta nota dormía en sus cuerdas,
como el pájaro duerme en las ramas,
esperando la mano de nieve
que sabe arrancarlas!

¡Ay!, pensé; ¡cuántas veces el genio
así duerme en el fondo del alma,
y una voz como Lázaro espera
que le diga «Levántate y anda»!

Por una mirada, un mundo

Gustavo Adolfo Bécquer
(Sevilla, 1836 — Madrid, 1870)

Por una mirada, un mundo;
por una sonrisa, un cielo;
por un beso... yo no sé
qué te diera por un beso.

Adiós, ríos; adiós, fontes

Rosalía de Castro
(Santiago de Compostela, 1837 — Padrón, 1885)

Adiós, ríos; adiós, fontes;
adiós, regatos pequenos;
adiós, vista dos meus ollos:
non sei cando nos veremos.

Miña terra, miña terra,
terra donde me eu criéi,
hortiña que quero tanto,
figueiriñas que prantéi,

prados, ríos, arboredas,
pinares que move o vento,
paxariños piadores,
casiña do meu contento,

muíño dos castañares,
noites craras de luar,
campaniñas trimbadoras
da igrexiña do lugar,

amoriñas das silveiras
que eu lle daba ó meu amor,
camiñiños antre o millo,
¡adiós para sempre, adiós!

¡Adiós groria! ¡Adiós contento!

¡Deixo a casa onde nacín,
deixo a aldea que conoço
por un mundo que non vin!

Deixo amigos por estraños,
deixo a veiga polo mar,
deixo, en fin, canto ben quero...
¡Quén pudera non deixar!...

Mais son probe e, ¡mal pecado!,
a miña terra no é miña,
que hastra lle dan de prestado
a beira por que camiña
ó que nacéu desdichado.

Téñovos, pois, que deixar,
hortiña que tanto améi,
fogueiriña do meu lar,
arboriños que prantéi,
fontiña do cabañar.

Adiós, adiós, que me vou,
herbiñas do camposanto,
donde meu pai se enterróu,
herbiñas que biquéi tanto,
terriña que nos crióu.

Adiós Virxe da Asunción,
branca como un serafín:
lévovos no coraçón;
pedídelle a Dios por min,
miña Virxe da Asunción.

Xa se oien lonxe, moi lonxe,
as campanas do Pomar;
para min, ¡ai!, coitadiño,
nunca máis han de tocar.

Xa se oien lonxe, máis lonxe
Cada balada é un dolor;
voume soio, sin arrimo...
Miña terra, ¡adiós!, ¡adiós!

¡Adiós tamén, queridiña!...
¡Adiós por sempre quizáis!...
Dígoche este adiós chorando
desde a beiriña do mar.

Non me olvides, queridiña,
si morro de soidás...
tantas légoas mar adentro...
¡Miña casiña!, ¡meu lar!

Negra sombra

Rosalía de Castro
(Santiago de Compostela, 1837 — Padrón, 1885)

Cando penso que te fuches,
negra sombra que me asombras,
ó pe dos meus cabezales
tornas facéndome mofa.

Cando maxino que es ida,
no mesmo sol te me amostras,
i eres a estrela que brila,
i eres o vento que zoa.

Si cantan, es ti que cantas;
si choran, es ti que choras,
i es o marmurio do río
i es a noite i es a aurora.

En todo estás e ti es todo,
pra min i en min mesma moras,
nin me abandonarás nunca,
sombra que sempre me asombras.

El conde Sisebuto

Joaquín Abati y Díaz
(Madrid, 1865 — Madrid, 1936)

A cuatro leguas de Pinto
y a treinta de Marmolejo,
existe un castillo viejo
que edificó Chindasvinto.

Perteneció a un gran señor
algo feudal y algo bruto;
se llamaba Sisebuto,
y su esposa, Leonor,

y Cunegunda, su hermana,
y su madre, Berenguela,
y una prima de su abuela
atendía por Mariana.

su cuñado, Vitelio,
y Cleopatra, su tía,
y su nieta, Rosalía,
y el hijo mayor, Rogelio.

Era una noche de invierno,
noche cruda y tenebrosa,
noche sombría, espantosa,
noche atroz, noche de infierno,

noche fría, noche helada,

noche triste, noche oscura,
noche llena de amargura,
noche infausta, noche airada.

En el gótico salón,
dormitaba Sisebuto,
y un lebrel seco y enjuto
roncaba en el portalón.

Con quejido lastimero
el viento fuera silbaba,
e imponente se escuchaba
el ruido del aguacero.

Cabalgando en un corcel
de color verde botella,
raudo como una centella
llega al castillo un doncel.

Empapada trae la ropa
por efecto de las aguas,
¡como no lleva paraguas
viene el pobre hecho una sopa!

Salta el foso, llega al muro,
la paterna está cerrada.
—¡Me ha dado mico mi amada!
—exclama—. ¡Vaya un apuro!

De pronto, algo que resbala
siente sobre su cabeza,
extiende el brazo, y tropieza
¡con la cuerda de una escala!

—¡Ah!... —dice con fiero acento.
—¡Ah!... —vuelve a decir gozoso.
—¡Ah!... —repite venturoso.
—¡Ah!... —otra vez, y así, hasta ciento.

Trepa que trepa que trepa,
sube que sube que sube,
en brazos cae de un querube,
la hija del Conde, la Pepa.

En lujoso camerín
introduce a su amado,
y al notar que está mojado
le seca bien con serrín.

—Lisardo, mi bien, mi anhelo,
único ser que yo adoro,
el de los cabellos de oro,
el de la nariz de cielo,

¿qué sientes, di, dueño mío?,
¿no sientes nada a mi lado?,
¿qué sientes, Lisardo amado?
Y él responde: —Siento frío.

¿Frío has dicho? Eso me espanta.
¿Frío has dicho? Eso me inquieta.
No llevarás camiseta,
¿verdad?... pues toma esta manta.

—Ahora hablemos del cariño
que nuestras almas disloca.
Yo te amo como una loca.

—Yo te adoro como un niño.

—Mi pasión raya en locura,
si no me quieres me mato.
—La mía es un arrebato,
si me olvidas, me hago cura.

—¿Cura tú? ¡Por Dios bendito!
No repitas esas frases,
¡en jamás de los jamases!
¡Pues estaría bonito!

Hija soy de Sisebuto
desde mi más tierna infancia,
y aunque es mucha mi arrogancia,
y aunque es un padre muy bruto,

y aunque temo sus furores,
y aunque sé a lo que me expongo,
huyamos…vamos al Congo,
a ocultar nuestros amores.

—Bien dicho, bien has hablado,
huyamos, aunque se enojen,
y si algún día nos cogen,
¡que nos quiten lo bailado!

En esto, un ronco ladrido
retumba potente y fiero.
—¿Oyes? —dice el caballero—,
es el perro que me ha olido.

Se abra una puerta excusada

y, cual terrible huracán,
entra un hombre…, luego un can…,
luego nadie…, luego nada…

—¡Hija infame! —ruge el Conde.
¿Qué haces con este señor?
¿Dónde has dejado mi honor?
¿Dónde? ¿Dónde? ¿Dónde? ¿Dónde?

Y tú, cobarde villano,
antipático, repara,
como señaló tu cara
con los dedos de mi mano.

Después, sacando un puñal,
de un solo golpe certero
le enterró el cortante acero
junto a la espina dorsal.

El joven, naturalmente,
murió como un conejo.
Ella frunció el entrecejo
y enloqueció de repente.

También quedó el conde loco
de resultas del espanto,
y el perro… no llegó a tanto,
pero le faltó muy poco.

Desde aquel día de horror
nada se volvió a saber
del conde, de su mujer,
la llamada Leonor,

de Cunegunda su hermana,
de su madre Berenguela,
de la prima de su abuela
que atendía por Mariana,

de su cuñado Vitelio,
de Cleopatra su tía,
de su nieta Rosalía
ni de su chico Rogelio.

Y aquí acaba la leyenda
verídica, interesante,
romántica, fulminante,
estremecedora, horrenda,

que de aquel castillo viejo
entenebrece el recinto,
a cuatro leguas de Pinto
y a treinta de Marmolejo.

Yo soy aquel que ayer no más decía

Rubén Darío
(Metapa, Nicaragua, 1867 — León, Nicaragua, 1916)

Yo soy aquel que ayer no más decía
el verso azul y la canción profana,
en cuya noche un ruiseñor había
que era alondra de luz por la mañana.
[...]

A Margarita Debayle

Rubén Darío
(Metapa, Nicaragua, 1867 — León, Nicaragua, 1916)

Margarita, está linda la mar,
y el viento
lleva esencia sutil de azahar;
yo siento
en el alma una alondra cantar:
tu acento.
Margarita, te voy a contar
un cuento:

Esto era un rey que tenía
un palacio de diamantes,
una tienda hecha de día
y un rebaño de elefantes,
un kiosco de malaquita,
un gran manto de tisú,
y una gentil princesita,
tan bonita,
Margarita,
tan bonita, como tú.

Una tarde, la princesa
vio una estrella aparecer;
la princesa era traviesa
y la quiso ir a coger.

La quería para hacerla

decorar un prendedor,
con un verso y una perla
y una pluma y una flor.

Las princesas primorosas
se parecen mucho a ti:
cortan lirios, cortan rosas,
cortan astros. Son así.

Pues se fue la niña bella,
bajo el cielo y sobre el mar,
a cortar la blanca estrella
que la hacía suspirar.

Y siguió camino arriba,
por la luna y más allá;
más lo malo es que ella iba
sin permiso de papá.

Cuando estuvo ya de vuelta
de los parques del Señor,
se miraba toda envuelta
en un dulce resplandor.

Y el rey dijo: «¿Qué te has hecho?
te he buscado y no te hallé;
y ¿qué tienes en el pecho
que encendido se te ve?».

La princesa no mentía.
Y así, dijo la verdad:
«Fui a cortar la estrella mía
a la azul inmensidad».

Y el rey clama: «¿No te he dicho
que el azul no hay que cortar?
¡Qué locura!, ¡Qué capricho!…
El Señor se va a enojar».

Y ella dice: «No hubo intento;
yo me fui no sé por qué.
Por las olas por el viento
fui a la estrella y la corté».

Y el papá dice enojado:
«Un castigo has de tener:
vuelve al cielo y lo robado
vas ahora a devolver».

La princesa se entristece
por su dulce flor de luz,
cuando entonces aparece
sonriendo el Buen Jesús.

Y así dice: «En mis campiñas
esa rosa le ofrecí;
son mis flores de las niñas
que al soñar piensan en mí».

Viste el rey pompas brillantes,
y luego hace desfilar
cuatrocientos elefantes
a la orilla de la mar.

La princesita está bella,
pues ya tiene el prendedor
en que lucen, con la estrella,

verso, perla, pluma y flor.

Margarita, está linda la mar,
y el viento
lleva esencia sutil de azahar:
tu aliento.

Ya que lejos de mí vas a estar,
guarda, niña, un gentil pensamiento
al que un día te quiso contar
un cuento.

Castilla

Manuel Machado
(Sevilla, 1874 — Madrid, 1947)

El ciego sol se estrella
en las duras aristas de las armas,
llaga de luz los petos y espaldares
y flamea en las puntas de las lanzas.

El ciego sol, la sed y la fatiga.
Por la terrible estepa castellana,
al destierro, con doce de los suyos
—polvo, sudor y hierro—, el Cid cabalga.

Cerrado está el mesón a piedra y lodo.
Nadie responde. Al pomo de la espada
y al cuento de las picas, el postigo
va a ceder... ¡Quema el sol, el aire abrasa!

A los terribles golpes
de eco ronco, una voz pura, de plata
y de cristal, responde... Hay una niña
muy débil y muy blanca
en el umbral. Es toda
ojos azules; y en los ojos, lágrimas.
Oro pálido nimba
su carita curiosa y asustada.

—Buen Cid, pasad... El rey nos dará muerte,
arruinará la casa

y sembrará de sal el pobre campo
que mi padre trabaja...
Idos. El cielo os colme de venturas...
En nuestro mal, oh Cid, no ganáis nada.

Calla la niña y llora sin gemido...
Un sollozo infantil cruza la escuadra
de feroces guerreros,
y una voz inflexible grita: —«¡En marcha!»

El ciego sol, la sed y la fatiga.
Por la terrible estepa castellana,
al destierro, con doce de los suyos
—polvo, sudor y hierro—, el Cid cabalga.

Yo voy soñando caminos

Antonio Machado
(Sevilla, 1875 — Colliure, Francia, 1939)

Yo voy soñando caminos
de la tarde. ¡Las colinas
doradas, los verdes pinos,
las polvorientas encinas!...
¿Adónde el camino irá?
Yo voy cantando, viajero
a lo largo del sendero...
—la tarde cayendo está—:
«En el corazón tenía
la espina de una pasión;
logré arrancármela un día:
ya no siento el corazón».

Y todo el campo un momento
se queda, mudo y sombrío,
meditando. Suena el viento
en los álamos del río.

La tarde más se oscurece;
y el camino que serpea
y débilmente blanquea
se enturbia y desaparece.

Mi cantar vuelve a plañir:
«Aguda espina dorada,
quién te pudiera sentir
en el corazón clavada».

A un olmo seco

Antonio Machado
(Sevilla, 1875 — Colliure, Francia, 1939)

Al olmo viejo, hendido por el rayo
y en su mitad podrido,
con las lluvias de abril y el sol de mayo
algunas hojas verdes le han salido.

¡El olmo centenario en la colina
que lame el Duero! Un musgo amarillento
le mancha la corteza blanquecina
al tronco carcomido y polvoriento.

No será, cual los álamos cantores
que guardan el camino y la ribera,
habitado de pardos ruiseñores.

Ejército de hormigas en hilera
va trepando por él, y en sus entrañas
urden sus telas grises las arañas.

Antes que te derribe, olmo del Duero,
con su hacha el leñador, y el carpintero
te convierta en melena de campana,
lanza de carro o yugo de carreta;
antes que rojo en el hogar, mañana,
ardas de alguna mísera caseta,
al borde de un camino;
antes que te descuaje un torbellino

y tronche el soplo de las sierras blancas;
antes que el río hasta la mar te empuje
por valles y barrancas,
olmo, quiero anotar en mi cartera
la gracia de tu rama verdecida.
Mi corazón espera
también, hacia la luz y hacia la vida,
otro milagro de la primavera.

Caminante, son tus huellas

Antonio Machado
(Sevilla, 1875 — Colliure, Francia, 1939)

Caminante, son tus huellas
el camino y nada más.
Caminante, no hay camino,
se hace camino al andar.
Al andar se hace el camino,
y al volver la vista atrás
se ve la senda que nunca
se ha de volver a pisar.
Caminante, no hay camino,
sino estelas en la mar.

Recuerdo infantil

Antonio Machado
(Sevilla, 1875 — Colliure, Francia, 1939)

Una tarde parda y fría
de invierno. Los colegiales
estudian. Monotonía
de lluvia tras los cristales.

Es la clase. En un cartel
se representa a Caín
fugitivo, y muerto Abel,
junto a una mancha carmín.

Con timbre sonoro y hueco
truena el maestro, un anciano
mal vestido, enjuto y seco,
que lleva un libro en la mano.

Y todo un coro infantil
va cantando la lección:
«mil veces ciento, cien mil;
mil veces mil, un millón».

Una tarde parda y fría
de invierno. Los colegiales
estudian. Monotonía
de la lluvia en los cristales.

En tren

Antonio Machado
(Sevilla, 1875 — Colliure, Francia, 1939)

Yo, para todo viaje
siempre sobre la madera
de mi vagón de tercera,
voy ligero de equipaje.
Si es de noche, porque no
acostumbro a dormir yo,
y de día, por mirar
los arbolitos pasar,
yo nunca duermo en el tren,
y, sin embargo, voy bien.
¡Este placer de alejarse!
Londres, Madrid, Ponferrada,
tan lindos… para marcharse.
Lo molesto es la llegada.
Luego, el tren, al caminar,
siempre nos hace soñar;
y casi, casi olvidamos
el jamelgo que montamos.
¡Oh, el pollino
que sabe bien el camino!
¿Dónde estamos?
¿Dónde todos nos bajamos?
¡Frente a mí va una monjita
tan bonita!
Tiene esa expresión serena
que a la pena

da una esperanza infinita.
Y yo pienso: Tú eres buena;
porque diste tus amores
a Jesús; porque no quieres
ser madre de pecadores.
Mas tú eres
maternal,
bendita entre las mujeres,
madrecita virginal.
Algo en tu rostro es divino
bajo tus cofias de lino.
Tus mejillas,
esas rosas amarillas,
fueron rosadas, y, luego,
ardió en tus entrañas fuego;
y hoy, esposa de la Cruz,
ya eres luz, y solo luz…
¡Todas las mujeres bellas
fueran, como tú, doncellas
en un convento a encerrarse!…
¡Y la niña que yo quiero,
ay, preferirá casarse
con un mocito barbero!
El tren camina y camina,
y la máquina resuella,
y tose con tos ferina.
¡Vamos en una centella!

Anoche cuando dormía

Antonio Machado

(Sevilla, 1875 — Colliure, Francia, 1939)

Anoche cuando dormía
soñé, ¡bendita ilusión!,
que una fontana fluía
dentro de mi corazón.

Di, ¿por qué acequia escondida,
agua, vienes hasta mí,
manantial de nueva vida
de donde nunca bebí?

Anoche cuando dormía
soñé, ¡bendita ilusión!,
que una colmena tenía
dentro de mi corazón;

y las doradas abejas
iban fabricando en él,
con las amarguras viejas
blanca cera y dulce miel.

Anoche cuando dormía
soñé, ¡bendita ilusión!,
que un ardiente sol lucía
dentro de mi corazón.

Era ardiente porque daba

calores de rojo hogar,
y era sol porque alumbraba
y porque hacía llorar.

Anoche cuando dormía
soñé, ¡bendita ilusión!,
que era Dios lo que tenía
dentro de mi corazón.

Era un niño que soñaba

Antonio Machado

(Sevilla, 1875 — Colliure, Francia, 1939)

Era un niño que soñaba
un caballo de cartón.
Abrió los ojos el niño
y el caballito no vio.
Con un caballito blanco
el niño volvió a soñar;
y por la crin lo cogía...
¡Ahora no te escaparás!

Apenas lo hubo cogido,
el niño se despertó.
Tenía el puño cerrado.
¡El caballito voló!
Quedose el niño muy serio
pensando que no es verdad
un caballito soñado.
Y ya no volvió a soñar.
Pero el niño se hizo mozo
y el mozo tuvo un amor,
y a su amada le decía:
¿Tú eres de verdad o no?

Cuando el mozo se hizo viejo
pensaba: Todo es soñar,
el caballito soñado
y el caballo de verdad.

Y cuando vino la muerte,
el viejo a su corazón
preguntaba: ¿Tú eres sueño?
¡Quién sabe si despertó!

Elegía a Ramón Sijé

Miguel Hernández
(Orihuela, 1910 — Alicante, 1942)

(En Orihuela, su pueblo y el mío, se
me ha muerto como del rayo Ramón Sijé,
a quien tanto quería)

Yo quiero ser llorando el hortelano
de la tierra que ocupas y estercolas,
compañero del alma, tan temprano.

Alimentando lluvias, caracolas
y órganos mi dolor sin instrumento,
a las desalentadas amapolas

daré tu corazón por alimento.
Tanto dolor se agrupa en mi costado
que por doler me duele hasta el aliento.

Un manotazo duro, un golpe helado,
un hachazo invisible y homicida,
un empujón brutal te ha derribado.

No hay extensión más grande que mi herida,
lloro mi desventura y sus conjuntos
y siento más tu muerte que mi vida.

Ando sobre rastrojos de difuntos,
y sin calor de nadie y sin consuelo

voy de mi corazón a mis asuntos.

Temprano levantó la muerte el vuelo,
temprano madrugó la madrugada,
temprano estás rodando por el suelo.

No perdono a la muerte enamorada,
no perdono a la vida desatenta,
no perdono a la tierra ni a la nada.

En mis manos levanto una tormenta
de piedras, rayos y hachas estridentes
sedienta de catástrofes y hambrienta.

Quiero escarbar la tierra con los dientes,
quiero apartar la tierra parte a parte
a dentelladas secas y calientes.

Quiero minar la tierra hasta encontrarte
y besarte la noble calavera
y desamordazarte y regresarte.

Volverás a mi huerto y a mi higuera:
por los altos andamios de las flores
pajareará tu alma colmenera

de angelicales ceras y labores.
Volverás al arrullo de las rejas
de los enamorados labradores.

Alegrarás la sombra de mis cejas,
y tu sangre se irá a cada lado
disputando tu novia y las abejas.

Tu corazón, ya terciopelo ajado,
llama a un campo de almendras espumosas
mi avariciosa voz de enamorado.

A las aladas almas de las rosas
del almendro de nata te requiero,
que tenemos que hablar de muchas cosas,
compañero del alma, compañero.

Umbrío por la pena, casi bruno

Miguel Hernández
(Orihuela, 1910 — Alicante, 1942)

Umbrío por la pena, casi bruno,
porque la pena tizna cuando estalla,
donde yo no me hallo no se halla
hombre más apenado que ninguno.

Sobre la pena duermo solo y uno,
pena es mi paz y pena mi batalla,
perro que ni me deja ni se calla,
siempre a su dueño fiel, pero importuno.

Cardos y penas llevo por corona,
cardos y penas siembran sus leopardos
y no me dejan bueno hueso alguno.

No podrá con la pena mi persona
rodeada de penas y cardos:
¡cuánto penar para morirse uno!

* * *

Propuesta para el lector

Estimado lector, si lo desea, puede compartir conmigo sus poemas memorizados. Ojalá me ayude a recordar alguno que ha quedado injustamente fuera de este libro.

Email:

comoelquetiene@hotmail.com

Facebook, Twitter e Instagram:

Antonio Flórez Lage

Made in United States
Troutdale, OR
11/17/2024

24913209R10051